Les maux mêlés de Priscilla

Les maux ont des mots

Priscilla Magal

Les maux ont des mots

Recueil autobiographique

© 2024, Priscilla Magal
Édition: BoD – Books on Demand, info@bod.fr
Impression : BoD – Books on Demand, In de Tarpen 42, Norderstedt (Allemagne)
Impression à la demande
Illustration : Priscilla Magal

ISBN : 978-2-3225-2307-8
Dépôt légal : Mars 2024

Citation

« Guérir, c'est toucher avec Amour ce qui a été touché avant avec la peur »

Pour tous ceux qui ont besoin d'amour et d'espoir y compris moi-même à qui je demande pardon…

Priscilla Magal.
Priscilla est née en 1981 en Essonne.
Après une enfance tragique, elle voue à l'écriture un côté salvateur et thérapeutique.
Maman de trois enfants, elle vit aujourd'hui dans le Maine et Loire en espérant pouvoir un jour trouver la quiétude et accompagner les personnes souffrant de maux psychiques, physiques ou émotionnels liés à différents traumatismes.

Ses projets : créer une association d'aide aux personnes victimes de violences psychiques, physiques, isolées, pas assez entendues et soutenues afin de leurs donner le droit à la parole et à la légitimité de leurs souffrances. Elle souhaite également continuer à écrire pour montrer qu'à travers cette cellule de douleur, il existe une issue de secours, une lueur d'espoir ainsi qu'une force à tirer de ces drames.

Priscilla a créé une page Facebook « Priscilla Magal » afin de partager ses écrits et permettre à de nombreuses personnes de pouvoir se livrer sans jugement ni tabous.

Du même auteur :
- Souffre en silence – Livre autobiographique

Sommaire :

1- La solitude — p11
2- Vivre avec l'anxiété — p14
3- Lettre du futur à moi-même — p16
4- Petite Priscilla — p18
5- Faire la paix — p21
6- Phobie — p23
7- Un enfant en otage — p25
8- Lettre à toi — p29
9- Le deuil de toi, Papa — p32
10- Fibromyalgie mon autre meilleure ennemie — p39
11- Extrait de mon livre Souffre en Silence — p41
12- Je suis désolée — p43
13- Quand les différences font peur — p45
14- Le droit de m'exprimer — p47
15- Une oreille attentive — p51
16- Tant qu'il y a de la vie, il y a de l'espoir — p54
17- Peut-on tout pardonner ? — p57
18- Doit-on changer par amour ? — p60
19- La vie n'est qu'une addition de leçons — p62
20- Le temps qui passe est du temps perdu — p64
21- Un appel du cœur manqué — p66

22- L'entre deux, le droit de partir — p68
23- Quand le rideau tombe — p71
24- Mon évidence, être mère — p73
25- Le pardon — p77
26- Interview Priscilla Magal — p81
27- Une maman, le cadeau le plus précieux — p83
28- Somatisation et douleurs psychiques — p86
29- Suis-je une bonne mère ? — p89
30- L'anorexie mentale — p93
31- Mes maux mêlés — p96
32- Quand aimer fait peur — p99
33- Très chère émétophobie — p104
34- La dépression — p107
35- L'hypersensibilité — p110
36- Je vous confie mon secret — p112

La solitude

N'avez-vous jamais éprouvé ce sentiment ?

Moi, si …

Tant de fois, je me suis sentie désespérément seule.
Isolée et en colère.

En colère après ces personnes près de moi qui ne comblaient pas ce sentiment intense et douloureux de vide jusqu'à ce que je comprenne.

Il m'aura fallu 30 ans de silence.
Des années de souffrance.
Un premier livre autoédité pour accepter la raison de ce sentiment.

C'était moi, tout simplement.

Grâce à mes introspections et mes écrits, j'ai compris que l'on pourrait me décrocher la lune et me mettre cinquante personnes autour de moi le vide serait toujours aussi ardent.

Tant que moi je n'aurais pas décidé d'être là pour moi, j'aurais toujours cet effroyable ressenti.

Alors à vous qui me lisez, si vous souffrez de solitude, j'aimerais vous dire ceci :

La seule personne qui doit être là, à vos côtés et vous tenir compagnie, c'est **vous-même**.

Vous devez vous aimer.
Vous devez accepter ce qui a été.
Vous devez essayer de vous pardonner.

Tentez de pardonner à ceux qui vous ont abîmé ou du moins l'accepter.

C'est seulement à ce moment précis que vous serez capables de voir que vous êtes entourés.

Vous serez plus aptes à vous aimer, mais aussi à aimer sainement sans attendre de l'autre qu'il vous répare et soit là pour combler vos vides émotionnels.

Cette solitude que vous redoutez tant, utilisez-la à bon escient.
Profitez-en pour savoir qui vous êtes.
Ce que vous voulez ou ne voulez plus.
Ce que vous aimez ou n'aimez plus.
Apprenez à écouter votre cœur et votre raison.

Ne craignez pas cette solitude qui est bien souvent bénéfique et nécessaire, surtout dans un processus de guérison.

Alors à toi, solitude, saches qu'aujourd'hui, tu ne m'angoisses plus.

J'aime ta compagnie et ton silence, car je peux entendre mes pensées les plus profondes.

Je suis loin de ma guérison, mais je suis prête à t'écouter et à m'écouter.

« Il est facile de se tenir avec la foule. Il faut du courage pour rester seul »

Mahatma Gandhi

Vivre avec l'anxiété ou plutôt comment survivre ?

On ne vit pas avec, on apprend à survivre.
Elle vit pour nous et guide chacun de nos gestes ainsi que nos émotions.

L'anxiété contrôle nos pensées jusqu'à nous démunir de la moindre parcelle d'espoir pour être certaine qu'on ne puisse plus reprendre le dessus.

Elle arrive sans prévenir, nous réduisant à cet état de souffrance et de honte.
Elle sommeille en nous et sans crier gare, elle nous rend esclaves de ses pulsions destructrices.

Elle nous mutile de l'intérieur.
Elle ne laisse que douleur et peur.
Elle nous oblige à nous isoler afin de mieux nous posséder.

L'anxiété est silencieuse, sournoise et dévastatrice.

Elle ne se voit pas, ne se touche pas et s'exprime au travers de nos agissements, nous faisant passer pour des êtres gênants, car différents.

Cette maladie invisible, mais bien réelle, fait suite à de douloureux traumatismes ou chocs psychologiques.

Les personnes qui nous entourent de leur amour n'y peuvent rien et bien souvent leurs mots maladroits et blessants ne font qu'accentuer nos maux, notre honte et notre culpabilité à les décevoir.

En plus de nous faire mal, elle nous épuise, créant de multiples maux physiques et psychiques supplémentaires.

À toi « Angoisse », un jour, je sortirai de cette torpeur dans laquelle tu me tiens et je te dirai :

« Plus jamais »

Priscilla

« L'angoisse est le vertige de la liberté »

Sören Kierkegaard

Lettre du futur à moi-même

Je t'écris du futur, 30 ans plus tard, pour t'adresser ce message.

Priscilla, j'ai entendu tes pleurs et ta détresse.
Tu n'es plus seule, je suis là et je compte me battre avec toi.

Cette femme ne lèvera plus la main sur toi.
Ces hommes ne toucheront plus ton corps sans ton accord.
Je te vois pleurer le soir quand tout le monde te croit couchée.

Je ressens chacun de tes cauchemars tard dans la nuit.
J'entends tes cris dans ton silence.
Je te vois, toi, si petite et pourtant déjà si grande par ce vécu.
Vécu, qui t'a ôté ton innocence d'enfant.
Je vois ces adultes violents, toxiques et malsains à tes côtés.

Je vois les autres aussi, ceux qu'on appelle une « famille » mais qui ne font rien pour te protéger, préférant garder le silence plutôt que dénoncer et protéger, les rendant ainsi coupables de non-assistance à personne en danger.

Saches que je ne t'abandonne pas malgré cette immense solitude que tu ressens, je suis juste incapable d'agir, car le système ne m'y aide pas.
On ne nous voit pas, on ne nous entend pas.

Ma vie est compliquée, mais je ne compte pas te lâcher.
Je crierai à chacun de tes cris.
Je parlerai quand tu oseras dénoncer.

Plus tard, toi et moi réunis, nous obtiendrons justice pour tous ces sévices que tu as subi, ne serait-ce que par nos écrits.

Petite Priscilla, je te promets qu'un jour même lointain, tu seras enfin apaisée pour aimer vivre et ne plus avoir peur de seulement survivre.

« La sortie de secours est à l'intérieur de nous-mêmes »

Julien Green

Petite Priscilla, je suis là

Mon regard posé sur cette photo
Pour aussitôt
Être basculée
Dans les méandres de mon passé

Priscilla
Pleurait tout bas
Assise sur cette balançoire
Comme tous les soirs

Venant de nulle part
Je me serais assise à côté d'elle
De mon expérience, je lui aurais fait part
Pour la prendre par la main et partir avec ce petit être tout frêle

Je lui aurais dit d'oser parler
De ne surtout pas se taire
Par simple peur de déplaire
Ou par crainte de ne pas être aimée

Qu'elle devait avant tout se protéger
De ces adultes destructeurs
De se servir de ses peurs et de sa douleur
Pour avouer, crier et dénoncer

Lui faire savoir qu'elle n'était qu'une victime
Plongée dans un abîme
Un monde sans couleur
Dont elle n'était pas l'auteur

Je lui aurais dit de fuir
Pour espérer un jour sourire
D'avoir confiance en elle
Et voler de ses propres ailes

Une insouciance volée
Une âme souillée
Mais plus tard, elle saurait
Qu'elle aurait en elle une force insoupçonnée
Qui lui permettrait de pouvoir tout accepter pour enfin rêver

Si j'avais pu petite Priscilla, j'aurais pris ta main pour ne jamais la lâcher, car tu avais le droit d'être simplement aimée et que l'on croit en toi.

« L'enfance est un lieu dans lequel on ne retourne pas mais que l'on ne quitte jamais totalement »

Faire la paix

J'ai fait la paix avec ma colère
Comme un fardeau dont je me suis délestée
Je me sens apaisée
Pour affronter ce qui m'a été pris hier

Elle m'a longtemps consumée
Pour ne laisser que des plaies
Comme une damnée
Je t'ai détestée

Cette même colère m'a conduite à l'hôpital
Je n'avais jamais eu aussi mal
Des flots de larmes versés
Au prix d'une paix retrouvée

J'ai accepté que tu ne sois plus
Accepté de ne pas t'avoir reconnu
Je me suis pardonnée mes erreurs
Maintenant, je n'ai plus peur

Le chemin sera encore long
Pour retrouver une entière guérison
Mais de ce pardon
J'ai tiré une leçon

Je nous demande pardon
Je prie pour tenir bon
Car je sais que sur ce chemin périlleux
La détresse disparaîtra peu à peu.

« *Le pardon est une forme de liberté. C'est libérer quelqu'un de votre propre rancune et de votre propre colère* »

Mahatma Gandhi

Phobie

Mal intérieur qui te ronge
Jusqu'à te hanter dans tes songes
Personne ne peut comprendre
Car ce mal silencieux nul ne peut l'entendre

La phobie est là
Où que tu sois
Elle prend le contrôle de ta vie
Et la met en sursis

Elle te fait souffrir
Te prenant peu à peu ton sourire
Elle t'isole et t'affaiblit
Le tout sans un bruit

Alors je le crie haut et fort
Je ne suis pas déraisonnable
Ce mal réel nous cause du tort
Invisible mais palpable

Trouble psychique
Devenant peu à peu physique
Provenant de choc traumatique
Elle jouera avec toi, telle une note de musique

Elle était là hier
Un peu plus aujourd'hui
Et bien moins que demain

Alors à toi, phobie, qui fait de ma vie un enfer en ces temps d'épidémie
Avec cette dévastatrice peur du vomi
Je te supplie
De me rendre ma vie

Afin que sans toi
Je puisse arrêter d'impacter les êtres qui m'entourent et veulent prendre soin de moi.

« *Aucune peur ne devrait être minimisée, moquée ou honteuse* »

Un enfant en otage

À défaut d'avoir réussi notre mariage,
Tâchons de réussir notre divorce.

Avoir vécu des années avec un être qu'on a passionnément aimé peut faire extrêmement mal lorsque la relation prend fin, mais il serait sage de se souvenir que lorsque nous divorçons, nous nous séparons d'un adulte et non d'un ou de nos enfants.

Un enfant a et aura besoin toute sa vie de son papa autant que de sa maman.

Très souvent et à tort, les pères sont mis au rebut au profit de la mère. Je trouve cela injuste pour ces papas qui ne demandent qu'à aimer leurs enfants et à être présents pour les voir grandir et les guider.

(NB : précisons que je ne parle là que d'un parent qui serait vraiment aimant et présent pour son enfant.)

Il y a aussi ces parents qui vont tenter par tous les moyens de détourner leurs enfants de l'autre parent se servant d'eux comme d'une monnaie d'échange pour lui faire payer la peine qu'il ou elle éprouve encore.

Ces agissements sont égoïstes et cruels pour cet enfant pris en otage.

J'ai vécu cette situation au point où mes enfants se sont sentis obligés de faire un choix.

J'ai moi-même vécu cela étant petite et croyez-moi, ça laisse des traces indélébiles.

J'ai également été exclue de la vie d'un de mes enfants, car il était convaincu de l'image qu'on lui avait faite de sa maman, c'est extrêmement douloureux.

Par amour pour mon petit garçon, je n'ai rien fait pour m'en défendre, autrement, j'aurais contribué à ce jeu malsain et il était hors de question d'imposer cela à mon fils.

Ne pas se sentir libre d'aimer son père ou sa mère de peur d'être rejeté par l'autre est destructeur pour eux.

Nos enfants ne sont pas des jouets, ils ont besoin d'amour, de stabilité, de sécurité psychologique et affective, et ce, de la part des deux parents.

Le papa sera le premier homme dans la vie d'une petite fille, son premier amoureux (complexe d'Œdipe) et son modèle masculin dans sa vie de femme.

La maman sera la première femme dans la vie d'un petit garçon, sa première amoureuse (complexe d'Œdipe) et son modèle également.

Comment peuvent-ils se construire sans être déstabilisés si vous leur retirez un des piliers de leurs vies ?

Trop d'enfants souffrent et font les frais de divorces ratés, alors dans ce récit personnel, je souhaite véhiculer un message :

N'oubliez jamais qu'un enfant s'il est conçu à deux, c'est qu'il a besoin de ses deux parents pour son bon développement psychologique et affectif et cela qu'ils soient ou non ensembles.

Arrêtez de les utiliser à des fins personnelles dans le but de punir un homme ou une femme que vous estimeriez responsable de votre rancœur ou de votre souffrance.

Ce combat et vos peines vous appartiennent.

Ces petits êtres n'ont pas demandé à naître, alors tâchez de les aimer et de les protéger de vos ressentiments personnels aux effets dévastateurs.

Pour que plus jamais un enfant n'ait le sentiment de devoir divorcer lui aussi de son papa ou de sa maman…

« Un enfant se souviendra toujours de qui a été là pour lui. Les enfants oublient les jouets, les vêtements que vous leur avez achetés, mais ils n'oublient pas les mots que vous avez prononcés. »

Anonyme

Lettre à toi,

Je suis perdue ce soir
Comme plongée dans le noir
Comment l'amour peut-il faire si mal ?

Premiers émois telle une course au galop vers le plus beau
Finir par se perdre dans un flot de sanglots
Des mots exprimés démesurément hauts
Des maux en trop

Des blessures
Des fêlures
Sentiment de solitude et d'incompréhension
Réactions sous impulsions

Puis vient le goût du trop tard
Le choix du départ
Amour difficile
Mais peut-être pas impossible

Le cœur souffrant du silence
Sentiment d'indifférence
Prise de distance

Le temps est venu de partir
Pour espérer retrouver son sourire

Les sentiments encore présents
Savoir dire stop au bon moment
Ne pas se perdre dans ce carcan

Juste un souffle d'élan
Pour espérer aller de l'avant
Car malheureusement, amour
Ne rime pas avec toujours

Alors ces « je t'aime » tant renouvelés
Tous ces instants gravés
Avec tout mon amour
Je les dépose à tes pieds avec un possible retour

Ce que je ressens
En cet instant
Il n'y a que le temps
Qui nous dira ce qu'il en est vraiment

Alors…

Malgré mes peurs
Il est l'heure
De retrouver la route du bonheur

Nous souhaitant le meilleur
Et la guérison de nos deux cœurs

« Un au revoir pour peut-être plus tard, s'aimer à nouveau, mais s'aimer mieux. »

Priscilla

Le deuil de toi, papa

21 septembre 2023

Un père absent, laissant à la place du cœur un trou béant.
J'ai tant de choses à te dire, même si je sais qu'à ce jour, tu ne pourras pas me lire.

Tout en étant dans la douleur
J'ai également très peur
Je suis en colère
Tellement amer

Je ne pardonne pas ton absence
Je ne comprends pas ton silence
Je n'accepte pas la souffrance que ton départ m'impose
De tristesse et de douleur, j'ai eu ma dose

J'ai souffert de ton vivant
J'ai abdiqué quand tu t'éteignais
Et je subis toujours maintenant
Les empreintes de notre passé

Papa, j'aurais tellement aimé qu'il en soit autrement, mais tu ne m'as pas laissé le choix.

Tu étais mon père
Tu avais ma garde
Tu avais ce devoir de protection, d'éducation
Mais tu n'as laissé que désespoir et horreur sur moi

Aujourd'hui, je suis ce qu'on appelle une handicapée de la vie,
De ça, tu es fautif en partie.
Vous êtes tous responsables de ce côté meurtri et de cet abîme de tourment dans lequel je me sens souvent coincée.

Tu étais si malheureux à l'époque, que ta seule échappatoire était l'alcool, me laissant seule sans défense avec cette folle.

Tu étais probablement malheureux, mais moi, je n'étais qu'une enfant et jusqu'à mes 18 ans où j'ai quitté cette maison lugubre qui m'aspirait dans ses tréfonds, je n'ai jamais su ce qu'était un père.

Le temps a passé et tu m'en as voulu de t'avoir repris ton invitation à mon mariage, mais comment aurait-il pu en être autrement ?

Tu traitais mon futur mari que j'aimais avec mépris.
Un homme qui à l'époque, m'insufflait du sursis et un peu de vie.
Un homme qui a pu et su m'aimer malgré mon cœur meurtri.

Par la suite, après des années de silence durant lesquelles je continuais intérieurement de subir cette violence, nous avons eu cette ultime altercation durant laquelle tu m'as dit ces mots à jamais gravés :
« Je ne parle pas aux personnes négatives, je les sors de ma vie. »
Puis tu es parti, me laissant orpheline de toi, sans même te retourner.

Dix ans durant lesquels j'ai projeté de mille et une façon comment pourrait se passer l'hypothétique guérison de mon âme te concernant.

Une âme souillée
Un corps maltraité
Vidée de tout sens de vie
Quémandant juste du répit

Alors j'ai pensé
Qu'on se verrait
Qu'on se parlerait
Tu reconnaîtrais tes erreurs

Tu me demanderais pardon
Mais non….

Il aura fallu ce maudit mois de juillet de cette année 2023 pour entendre « ton père va mourir, mais il ne veut pas te voir ».

Au risque de te décevoir, je suis venue et j'ai attendu deux longues heures dans ce couloir de la mort avant que tu n'acceptes de me voir.

Á cet instant, tremblante, les yeux embués de larmes, j'ai compris que peu importe mes besoins, seuls les tiens compteraient. J'ai naturellement mis de côté ce que je ressentais juste pour que tu sois en paix.

Je l'ai fait spontanément et avec amour, car dans un cœur d'enfant, les parents, c'est pour toujours.

Trois longs mois interminables à appréhender ta mort, à en avoir peur, car ces « retrouvailles » mises sous silence à cause de ta maladie emporteraient assurément une partie de moi dans l'au-delà.

J'ai été près de toi jusqu'à la fin, papa.

Portant toujours la culpabilité d'avoir appuyé à chacune de tes plaintes sur ce bouton « tranquillisant et irréversible » afin de soulager ta douleur. Ce médicament que tu nous réclamais, t'éloignait de nous à chaque nouvel envoi.

J'ai porté ce fardeau seule.
Je t'ai parlé sans retour, car tu avais déjà emprunté ce chemin à sens unique en direction d'un ailleurs.

Puis, tu es parti, me laissant seule et sans réponse, sans pardon…

J'ai souffert de ton vivant
J'ai souffert tes dernières heures durant
Et par tes choix égoïstes, je souffre maintenant

Le plus douloureux fut d'entendre, après que tu m'aies tourné le dos dix ans plus tôt, que la personne que tu avais choisi d'aimer comme ta femme, était à l'époque plus « négative » et détruite que moi, ta propre fille.

Je te laisse imaginer l'impact et les conclusions qui ont afflué dans ma tête :

Mon père ne veut pas de moi dans sa vie, car je suis trop négative, alors que de cet état, il est responsable. En revanche, il choisit d'aimer une femme plus détruite dans le passé que sa propre fille.

Après quoi, sois tranquille papa, toute ta famille a suivi le mouvement, me laissant seule face à ma détresse.
Personne n'a plus jamais répondu présent à mes SOS.

Aujourd'hui, je pourrais être cette fille qui sans scrupule veut à tout prix ce qui revient à un enfant lors d'un décès, mais de loin, j'aurais préféré que tu me laisses une lettre dans laquelle tu m'exprimerais un pardon, m'expliquant les choix abjects que tu as fait. Une longue lettre qui me permettrait de donner un sens à tout ce que j'ai enduré et qui me ronge encore aujourd'hui.

Cela ne réparerait pas ce qui a été détruit, mais j'aurais peut-être enfin réussi à sourire et vivre.

J'aurais tant aimé avoir un père
Je n'ai eu qu'un géniteur
Destructeur et parfois menteur
M'inculquant juste la peur

J'ai tellement espéré
Telle que j'étais, te satisfaire
Mais tu n'en avais strictement rien à faire
Tu m'as mise à terre après m'avoir abandonné

De mon rôle de fille, tu n'as rien voulu
D'amour et de protection, tu m'as dépourvu

Je suis là, avec tout ça et je n'ai à ce jour pas les clés pour te pardonner pleinement et me pardonner de me sentir coupable de ce que je ressens, y compris d'avoir écrit ces quelques lignes pourtant sincères.

« Un père n'est pas celui qui donne la vie, ce serait trop facile, un père, c'est celui qui donne l'amour. »

Denis Lord

Fibromyalgie, mon autre meilleure ennemie

Tu voles mes nuits
Pour les mettre en sursis
Me laissant endolorie
À chaque nouveau souci
Tu me souris et me punis

Mon corps n'est que douleur
Mes journées sont rythmées par la peur
Tu es revenue depuis 3 jours
Pour donner suite à un choc émotionnellement lourd

Tu te sers du décès de mon père
Pour me faire payer cher
Comme si je n'avais pas assez souffert

Tu me broies et me brûles de l'intérieur
Me souhaitant presque d'en finir
Tellement mon futur à venir
Me semble n'être que douleur

N'avais-je déjà pas été assez punie dans mon enfance ?
Il faut que tu me retires ma confiance !

Confiance en l'espoir
Confiance en l'avenir
Ai-je atteint le couloir
Des personnes à anéantir ?

Je suis épuisée
De me demander ce que j'ai fait
Pour mériter autant de difficultés
De me demander si j'ai juste le droit d'exister

Je t'en supplie, laisse-moi rester mère
C'est la seule chose que je sache faire
Ne me retire pas ce droit
Laisse-moi être moi

« La douleur c'est le vide. »

Jean-Paul Sartre

Extrait de mon livre Souffre en silence
« maman »

Ma mère manquait cruellement à ma vie.
Je l'aimais d'un amour inconditionnel, mais je la haïssais à hauteur de l'amour que je lui portais, car je lui en voulais de ne pas être là, de ne pas venir me chercher et m'emmener à l'abri près d'elle.

Me sauver en somme...

En conclusion, ma maman n'a pas pu me protéger de tout ça, car elle n'était pas au courant de ce que je vivais et le peu qu'elle savait, je ne lui laissais aucune ouverture pour agir.

Page 52.

Réflexion personnelle

Aurait-elle agi si elle avait pu ?

À ce jour, ma réponse va probablement choquer certains d'entre vous, mais non, je ne pense pas qu'elle aurait agi différemment, parce qu'à ce moment-là, elle n'était pas encore prête à être ma mère.

Elle a fait comme elle a pu avec ce qu'elle avait.
J'ai réellement découvert ma mère à l'âge de 32 ans.

L'amour d'une mère ne vient malheureusement pas toujours à la naissance, l'amour maternel peut parfois demander beaucoup plus de temps pour se construire et laisser naître la relation mère-enfant. Notre enfance peut également entacher ce futur lien à venir.

Malgré le mal et les séquelles encore profondes, aujourd'hui, je l'accepte sans pour autant avoir tout pardonné et compris mais par-dessus tout, j'ai assurément besoin de ma mère dans ma vie.

« L'amour d'une mère, c'est comme l'air : c'est tellement banal qu'on ne le remarque même pas.
Jusqu'à ce qu'on en manque. »

Pam Bro

Je suis désolée

« Ne vous excusez jamais d'être qui vous êtes. »

Durant de longues années, je n'ai fait que ça :
M'excuser, et même s'il y a du mieux, je continue de le faire répétant toujours cette même phrase (je suis désolée.)

M'excuser d'être :

- Angoissée
- Phobique
- Fragile
- Hypersensible
- Épuisée
- Imparfaite
- Moi

M'excuser de ce que j'ai vécu ou tout simplement d'être en vie.

Là où je sais que j'évolue, c'est qu'aujourd'hui, j'assume d'être cette femme, et à l'heure actuelle, je ne me résume plus à ces adjectifs douloureux et réducteurs que l'on a bien voulu coller à ma peau, moi y compris.

Je suis en partie faite de ces maux, mais pour autant, cela ne me résume pas.

Plus que tout, je suis une femme, une maman et je possède des valeurs que peu de personnes détiennent. Je me bats constamment pour un mieux-être.

Je suis pauvre certes, mais si riche dans mon cœur et dans mon âme.

Riche d'amour, de don de moi, d'écoute et de générosité. Incontestablement imparfaite, mais fière de celle que je suis malgré mon vécu, car je ne suis pas qu'un paraître. Je suis un être à part entière et authentique.

Oui, je traîne une chaîne avec un énorme boulet à mes chevilles, mais je continue d'avancer et de croire qu'un jour, je trouverai la clé pour enfin me libérer de ce passé.

« Je ne m'excuserai plus jamais pour celle que je suis. »

Quand les différences font peur

Dans la vie, vous aurez des hauts et des bas
Des certitudes et des incertitudes
Des idées par milliers

Des larmes
Des rires
Des joies
Des doutes
Des peurs

Mais par-dessus tout, vous devrez vous battre pour ne jamais changer la personne que vous êtes afin de conserver vos valeurs, vos idées, vos convictions et votre personnalité malgré les jugements.

En effet, nous sommes dans une société faite de cases, de moules, d'idéaux, mais chaque personne est unique et vous devez être celle ou celui que vous voulez être sans jamais laisser quiconque ou la vie vous changer.

Peu importe votre origine, votre couleur de peau, votre poids, votre taille, votre catégorie sociale, nous avons tous une chose en commun : la couleur de notre cœur alors au lieu de se faire la guerre, apprenons à nous aimer juste un peu plus les uns les autres et à respecter nos différences.

Les différences font peur et pourtant, elles sont sources d'instruction.

Je suis qui je suis, n'en déplaise.
J'ai décidé de crier haut et fort ce que tout le monde pense tout bas.

Positif ou négatif, je continuerai de parler et de coucher les maux d'un monde qui s'essouffle…

« Ce ne sont pas vos ressemblances qui comptent, ce sont vos différences. »

Harry Potter et l'ordre du Phoenix

Le droit de m'exprimer

Oui, je suis cette femme au passé traumatique.
Oui, je suis angoissée, phobique, hypocondriaque et traumatisée par une enfance destructrice.

Oui, j'ai conscience que le chemin de l'acceptation et du pardon sera encore long et tumultueux.

Oui, je travaille dessus malgré la colère qui m'habite parfois.

Pour autant, cela ne veut pas dire que ce sera pareil pour tout le monde sachant que chaque personne réagit différemment face à une même situation.

Personnellement, j'ai choisi de poser les maux avec des mots, car c'est MA thérapie alors par pitié, même s'il y a pire que moi, laissez-moi le droit de m'exprimer à travers mes cris du cœur couchés sur le papier sans venir me réitérer inlassablement ces mêmes phrases bien plus faciles à dire qu'à appliquer.

Me dire que je me rends malade et que cela n'en vaut pas la peine me met en colère. Ne croyez-vous pas que souffrant de cela depuis des années, je n'ai pas déjà tenté tout ce qu'il m'est possible de faire ?

Tous ces troubles ont un impact sur ma qualité de vie dans tous les domaines et j'en ai honte en plus d'en souffrir.

Malgré le fait que cela vienne me hanter même la nuit dans mes cauchemars et qu'ainsi dès le réveil mon corps ne suive pas ou difficilement, sachez que je porte le masque du sourire et de la vie pour mes enfants.

Pourtant, si vous saviez…

Tous ces traumatismes, enfouis au fond de moi ne demandent qu'à hurler.

Je ne peux, hélas, pas les laisser sortir parce que j'ai le sentiment que si je lâche le « monstre », il va m'entraîner dans les abîmes d'une colère insatiable.
J'aimerais, s'il vous plaît, qu'il soit possible de ne plus entendre ces phrases types qui certes sont vraies, mais bien plus aisées à dire qu'à mettre en place.

Des phrases comme :
- Ça ne sert à rien de te rendre malade
- Passe au-dessus
- Ça n'en vaut pas la peine
- Faut se bouger
- La dépression, c'est une excuse aux feignants

Oui, c'est vrai, il y a pire dans la vie, mais pour autant, j'ai le droit de dire que j'ai mal.

Sachez que tous ces mots que vous dites, contribuent à me donner à moi et à ceux qui souffrent des mêmes maux, le sentiment de ne pas avoir notre place alors que souffrir de ce mal qui nous hante n'est pas une faiblesse ni une tare, mais une conséquence désastreuse.

Un cœur qui a aimé et souffert va indéniablement pâtir et être marqué alors laissons-lui simplement le temps de guérir.

Je sais ô combien le chemin de la guérison totale est encore loin pour moi, je connais mes difficultés et j'en parle aisément lors de mes écrits sur ma page Facebook Priscilla Magal.

Je n'ai jamais eu aucun mal à admettre et à reconnaître mes failles telles qu'elles soient.
Comment passer au-dessus de l'abandon, de la violence, l'abus, le viol, l'humiliation, le rejet et la perversion ?

Je prendrai donc tout le temps dont j'ai besoin.

J'aime les conseils et les idées nouvelles à explorer pour évoluer, mais pas ce type de phrases toutes faites si simples à formuler.

Je le dis pour moi, mais je pense également à toutes ces personnes en détresse qui reçoivent perpétuellement ces phrases en pleine tête qui ne nous aident pas, bien au contraire.

Ne voyez là dans mes propos aucune malveillance, mais je suis entière et encore une fois, c'est avec mon cœur que j'écris et crie.

« Chaque parole a une conséquence. Chaque silence aussi. »

Jean-Paul Sartre

Une oreille attentive

Pour l'avoir vécu, je peux dire que nous sommes dans un monde difficile et égoïste.

Rares sont ceux qui ont vraiment la capacité de nous écouter sans jugement et qui finalement ne se diront pas que c'est trop pour eux avant de finir par s'éloigner avec la crainte d'une contagion éventuelle de nos soucis.

Je ne détiens pas la vérité, loin de là, mais si je devais prodiguer un conseil à ma meilleure amie en difficulté, je lui dirai ceci :

« Je serai toujours là pour t'écouter, car je suis comme ça et j'aurais aimé qu'on le fasse avec moi par le passé, mais ne raconte pas ta vie à ceux que tu appelles tes amis, protège-toi, car le monde est cruel et ce que tu dis ou penses dans un moment de vulnérabilité pourra peut-être devenir l'arme la plus puissante utilisée contre toi. »

« Écris, parle à un professionnel si le besoin s'en fait sentir, prend du temps pour toi, parle à ton mari si tu y arrives, mais face au monde souris, ce sera ta plus grande force. »

J'aimerais pouvoir lui apporter un conseil différent, mais par expérience, j'ai appris que ma naïveté à croire que tout le monde pouvait être à l'écoute et bienveillant comme moi, n'existe pas ou plus.

Par le passé, j'ai beaucoup parlé de mes problèmes, de mes séquelles et mes difficultés au quotidien pour vivre avec, cela a failli me coûter la garde de mes enfants et ma crédibilité de maman.

Je ne faisais rien d'autre que me confier à des personnes censées être là pour moi, soit par amour ou par amitié.

Vous aurez probablement votre propre opinion sur le sujet.

Aujourd'hui, les moments de ma vie que je dévoile font partie de mon passé et ne peuvent plus affecter mon présent ni mes enfants, car je me livre partiellement et sous couvert de mon anonymat.

Pour ce qui est de me livrer sans retenue, je le fais par écrit dans mon journal intime ou lors de mes séances de psychothérapie.

De cette façon, j'ai la certitude de n'avoir aucun jugement ou sentiment de pitié à mon égard.

En plus du côté thérapeutique et salvateur de l'écriture, j'ai la certitude que mes plus grandes peurs et mes profondes blessures sont gravées de manière indélébile à l'abri des personnes mal intentionnées.

« Il ne faut jamais tout dire, même à une pierre. »

Henry de Montherlant

Tant qu'il y a de la vie, il y a de l'espoir

Tu t'es immiscée dans ma vie sans crier gare.

Alors que je n'étais plus sur le ring, ayant laissé mes armes de côté le temps d'un adieu à mon père, tu as trouvé en moi l'hôte idéal.

Déjà anxieuse, phobique et traumatisée par mon vécu, j'étais pour toi la proie parfaite, car sans défense.

Alors que mes phobies et autres troubles me disaient déjà quand rire, manger, sortir et dormir, toi, tu me dis quand je peux juste marcher et respirer sans souffrir.

À toi, fibromyalgie, ma nouvelle meilleure ennemie, qui a pris place aux côtés de mon émétophobie, je te le dis :

- Tu me fais pleurer et crier de douleur.
- J'ai peur de toi, car je ne sais jamais quand tu vas meurtrir mon corps de cette effroyable sensation de brûlure vive.
- Tu me fais m'isoler encore plus, mais pas assez pour ne plus m'autoriser à accompagner mon fils en sortie scolaire.

- Tu m'épuises du matin au soir.
- Tu laisses mon corps cassé et sans vie, mais tu ne m'auras pas.

Tu ne posséderas jamais cette lueur d'espoir qui persiste en moi malgré les épreuves.

Tu ne détiendras pas mon amour et ma détermination à rester une maman pour mes enfants.

Tu n'auras pas l'énergie qui me reste encore un peu à être une femme d'intérieur encore acceptable.

Alors Fibromyalgie, tu peux dire à ton amie émétophobie, que tant qu'il y a de la vie, il y a de l'espoir et que je suis au regret de vous dire que vous vous êtes trompées de proie.

Je souffre de ce corps accablé, il n'est qu'une carcasse abîmée pour abriter mon âme et mes valeurs, mais de ça, vous ne me démunirez jamais.

Je suis loin d'avoir rendu les armes pour affronter ce combat qu'est ma vie.

Aujourd'hui, je le dis, que ce soit en rampant ou le genou à terre,
tant que je serai en vie, vous ne prendrez pas mon rôle de mère.

Imparfaite, je suis
Imparfaite, je serai
Mais de tout mon être
Je suis prête

« La douleur persiste pour qui n'a pas d'espoir. »

Ali ibn Abi Talib

Peut-on tout pardonner ?

On me demande souvent est-ce que je dois pardonner ?

Ma réponse, en tout cas mon ressenti personnel, est que tout n'est pas pardonnable ni acceptable envers son bourreau.

Néanmoins, je pense que pour pouvoir avancer sereinement, il faut à minima accepter ce que nous avons vécu.

Vous aurez beau essayer de fuir, si vous n'avez pas accepté la situation, cela vous rattrapera toujours par le biais du sommeil sous forme de cauchemars ou dans la journée au travers d'émotions et pensées négatives, envahissantes et obsessionnelles.

J'entends également beaucoup dire : « Il faut passer au-dessus et être plus forte ».
Des mots très pratiques à dire, mais beaucoup plus laborieux à appliquer.

Lorsqu'on a été victime de violences telles qu'elles soient ou d'actes traumatiques innommables, on a beau essayer de se battre et de

vouloir avancer, les séquelles restent et viennent parasiter votre quotidien.
Vouloir passer au-dessus est un fait, réussir à le faire en est un autre.

Je ne prétends pas posséder toutes les réponses, ni détenir la vérité absolue, mais j'ai acquis une certitude qui est que pour guérir d'événements traumatiques qu'ils soient liés à l'enfance ou notre vie d'adulte, faire l'autruche n'est en rien un pas vers la guérison, bien au contraire.

Pour ma part, je crois qu'il est primordial de laisser aller ses émotions, les accepter, ne serait-ce que pour réussir à se pardonner soi-même de ne pas avoir eu la force de dire stop à un moment tragique et enfin pouvoir avancer.

Ce lâcher prise émotionnel ne doit pas durer toute une vie, mais les refouler n'est pas salvateur, car tôt ou tard cela vous regagnera.

La plupart des personnes sur ma page Facebook ayant pu lire mes publications ou mon premier ouvrage savent ce que j'ai vécu et qu'il est très difficile pour moi de pardonner. Lorsque j'ai accompagné mon père durant ses derniers jours de vie, je vous ai dit lui avoir pardonné, mais pardonner ne signifie pas avoir accepté.

Je lui ai dit lui avoir accordé mon pardon parce que je souhaitais qu'il parte en paix.

Je n'aurais jamais pu me regarder dans un miroir si je lui avais fait sentir que j'avais encore de l'animosité à son égard alors que la maladie le dévorait de l'intérieur et qu'il partait dans d'atroces souffrances.

Je voulais avoir ma conscience pour moi et l'esprit serein, mais pour autant, je n'ai pas fini mon combat loin de là, car je n'accepte toujours pas le fait qu'il soit parti avec une partie de ma guérison.

Je ne sais toujours pas où je puise ma force, mais je suis debout et je continuerai même un genou à terre de me battre.
Je le ferai pour mes enfants, car eux n'ont rien demandé.

« Pardonner ne signifie pas oublier, cela signifie accepter ce qui s'est passé et choisir d'avancer. »

Anonyme

Doit-on changer par amour ?

Il y a une autre question qui revient également sur ma page ; pourquoi je ne dois pas changer par amour ?

La réponse me semble simple.

Avant de chercher à être aimé, il faut d'abord s'aimer soi-même.

Vous aurez toujours la capacité d'aimer malgré votre mésestime, mais vous chercherez continuellement l'amour de l'autre pour nourrir votre carence affective personnelle.

En somme, vous ne vous aimerez qu'au travers de l'autre et penserez à tort que vous n'êtes pas capables de vivre sans elle.

Si une personne vous aime vraiment, elle vous acceptera toujours tel que vous êtes avec vos défauts et vos qualités.
Elle ne cherchera jamais à vous changer ou à vous freiner dans vos ambitions, elle vous acceptera dans votre entièreté.

Si vous deviez faire fi d'une partie de vous-même pour être aimé de la personne que votre cœur a choisie, cela indiquerait que vous ne vous aimez pas assez vous-même ni ne vous portiez de respect pour accepter cela.

Á ce moment-là, vous seriez sur une relation de dépendance affective, d'appartenance et non d'amour.

L'amour de l'autre ne veut pas dire oublier qui l'on est, ce que l'on veut et se sacrifier au détriment de son ou sa partenaire.

L'amour est partage, tolérance, respect et concession, en aucun cas, il a été dit que vous deviez changer ou vous oublier.

Ne renoncez jamais à vous par amour.

« L'amour de soi n'est pas égoïste ; vous ne pouvez pas vraiment aimer quelqu'un d'autre tant que vous ne savez pas comment vous aimer vous-même. »

Anonyme

La vie n'est qu'une addition de leçons

Déjà trois semaines que tu nous as quittés, papa.

Je suis passée par différentes phases émotionnelles et je me bats encore dans ce tumulte affectif.

Toujours en deuil et en quête d'acceptation, je vois néanmoins la vie sous un nouvel angle depuis cette épreuve.

Même si la vie est dure, elle n'en reste pas moins courte et je souhaite la vivre sans regret. Cette douloureuse épreuve, qui vient laisser des cicatrices supplémentaires sur un cœur déjà blessé, apporte malgré tout l'envie de donner un sens à ma vie.

J'éprouve toujours de multiples blessures, mais plus que jamais, dans ce tunnel sombre d'afflictions, je compte bien allumer des chandelles pour en voir la sortie.

Cette vision plus positive que les années passées, n'est pas tous les jours d'actualité, mais depuis ton départ, j'ai besoin plus que jamais d'entrevoir un avenir meilleur.

Peu importe la douleur et le temps
Peu importe les blessures d'antan
Je suis celle que je dois être
Et ce que la vie m'impose ne doit pas être défaite.

Il n'y a pas d'échec, seulement des leçons à tirer.

« Notre plus grande gloire n'est pas de ne jamais tomber, mais de se relever chaque fois que nous tombons. »

Confucius

Le temps qui passe est du temps perdu

On dit toujours qu'on a le temps de faire telle ou telle chose.
Que l'on n'a pas eu le temps de…

On croit avoir le temps de reporter à demain ce que nous aurions pu faire aujourd'hui, car on se pense éternel et croyons avoir la vie devant nous.

Mais la vérité, c'est que le temps que l'on croit infini ne l'est pas alors prenez le temps de dire, je t'aime, d'appeler, de voir ou d'écrire aux personnes qui comptent, car lorsque le temps se fige à jamais, il ne vous restera que des regrets et vos yeux pour pleurer.

N'attendez pas qu'il soit trop tard pour agir, simplement parce que vous pensez avoir la vie devant vous, il n'en est rien.

Ne remettez pas un moment d'affection avec vos enfants à plus tard sous prétexte que vous êtes contrariés ou énervés.

N'attendez pas une occasion pour dire, je t'aime ou le prouver avec des marques d'attention quotidiennes.

N'attendez pas pour donner du temps à vos parents ou grands-parents, car eux le temps, ils ne l'ont pas.

N'attendez pas qu'il soit trop tard pour dire : « Si j'avais su… »

Le temps est comme un sablier qui s'écoule, il n'a pas de durée illimitée alors vivez chaque jour comme si c'était le dernier.

Que feriez-vous si vous deviez partir demain ?
Avec qui passeriez-vous vos derniers instants ?
Que souhaiteriez-vous dire aux personnes que vous aimez ?

Le temps n'est pas quantifiable, alors vous devez le rendre qualitatif.

« On nous apprends à compter les secondes, les minutes, les heures, les jours, les années, mais personne ne nous explique la valeur d'un instant. »

Donato Carrisi

Un appel du cœur manqué

Qu'est-ce qu'on peut être bête parfois.
On se croit invincible.
On pense qu'on a toute la vie devant nous, qu'on a le temps d'être fâchés jusqu'à ce que la vie décide de revoir notre destin.

Alors comme un appel du cœur manqué, beaucoup trop tard et beaucoup trop tôt, on réalise que cet amour avec défaut, mais immuable sera sans retour.

Je sens encore ta main dans la mienne me suppliant de t'aider à faire un bord de lit comme disait ta femme pour t'aider à soulager la douleur ou simplement respirer. Maintenant, c'est moi qui te supplie de là-haut de prendre la mienne afin de m'aider à supporter ton absence et ma colère.

On dit toujours qu'on a le temps de...
Ou pas le temps de...
Mais toi, tu aurais aimé avoir le temps de vivre.

Des regrets, des souvenirs, de la tristesse, des questions sans réponse, des blessures à jamais ouvertes, car tu as emporté la clé de mon absolution.

Il existe une chose que ton départ ne peut délier, c'est mon amour pour toi malgré les blessures que tu m'as infligées.

Amour imparfait ? Oui, il l'est.
Amour destructeur ? Indéniablement, mais ne dit-on pas qu'un enfant aimera toujours ses parents malgré leurs fautes ?

Ne dit-on pas que l'espoir fait vivre ?
Alors je vais garder l'espoir de te revoir par-delà mes rêves, car ce n'est pas un adieu papa, on se reverra...
Pardonne-moi ce qu'on n'a pas su vivre et aimer.

« Après, c'est trop tard, et crois-moi, trop tard, c'est très vite. »

Marie Desplechin

L'entre deux, le droit de partir

Tu dis trop tes sentiments, tu es faible et fragile.
Tu ne les dis pas, cela te fait passer pour une personne émotionnellement éteinte et froide.

Force est de constater que durant des années, j'exprimais ouvertement le mal qui me rongeait laissant aux gens une image de moi négative sans m'en rendre compte.

Je pleurais dès que j'en ressentais le besoin me libérant ainsi du poids des maux.

Á mesure que j'entendais des mots plus cruels les uns que les autres, j'ai fini par me taire et mourir en silence de l'intérieur tellement mes combats et mes douleurs pouvaient être grands par moments.

J'emploie ce terme fort qu'est le mot « mourir », parce que malgré le fait que je sois bien en vie physiquement, certaines douleurs sont tellement profondes et lourdes qu'il devient parfois difficile de continuer à sourire à la vie.

Aujourd'hui, je veux parler, car mettre des mots sur les maux libère et permet de pouvoir mieux avancer.

Alors voilà, papa, je suis près de toi.

En arrivant dans cette chambre durant tes soins palliatifs, j'ai eu le sentiment d'entrer dans un mouroir.

Te voir, là, allongé sur ton lit, ton visage contrit par la douleur, ta respiration époumonée, ton corps amaigri et tes plaintes, m'ont mise en état de choc.

Tu m'as à peine regardé tant, tu étais prisonnier de ce crabe dévorant. Le plus dur fut lorsque tu m'as prise pour une infirmière, j'étais là, mettant de côté ce que je pouvais éprouver, mais tu ne me voyais plus.

Papa, j'avais imaginé nos retrouvailles, un jour.

J'avais projeté te dire toutes ces choses que je n'ai pas acceptées et compris, m'empêchant d'avancer, mais le destin en a décidé autrement.

Aujourd'hui, tu es mourant et je n'ai qu'un souhait, te permettre de partir en paix.

Je t'ai parlé durant 1 heure, j'ai pleuré, j'ai suffoqué, mais tu étais déjà loin et je ne saurais jamais si tu as pu m'entendre.

À 24 heures de la fin, ma main sur la tienne, ton âme est là avec cette rage de vivre, mais ton corps n'est que douleur alors je crois que tu as le droit de cesser le combat et de partir en paix.

J'étais là, à tes côtés, un pardon à demi donné, mais un cœur entier pour t'aimer malgré toutes les séquelles à jamais gravées.

« Je ne suis pas loin, je suis de l'autre côté du chemin. »

Charles Péguy

Quand le rideau tombe

Je suis désolée.

Je ne veux pas avoir le sentiment d'être quelqu'un que je ne suis pas à vos yeux, alors je vous dois la vérité.

Tous les mots, les maux et les pensées que je livre sont bien de moi et sont sincères, mais je ne suis pas toujours si forte qu'il y paraît.

Je délivre des messages d'espoir et d'amour et je vous ouvre mon cœur avec sincérité, mais derrière quand les rideaux se ferment, je souffre.

Je me bats contre mes phobies, mes séquelles, mes angoisses, ma honte à être si impactée et mes vieux fantômes.

Au détour d'une douche, à l'abri des regards enfantins, je peux pleurer un long moment pour décharger le poids qui pèse trop lourd sur mes épaules bien trop fatiguées.

Le soir, quand les lumières s'éteignent et que les yeux se ferment, je saigne intérieurement en silence pour ne pas réveiller ce petit monde endormi.

Mon corps somatise, il n'est qu'une carcasse endolorie qui accomplit machinalement les tâches du quotidien en souriant pour ne pas inquiéter.

Mon cœur est brisé et blindé.

J'évolue, j'analyse et je mets tout en œuvre pour devenir une meilleure version de moi-même.
J'ai confiance en la vie et je veux croire que j'y arriverai, car j'ai déjà progressé, mais je veux être franche avec vous comme je l'ai toujours été.

Voilà, donc qui est Priscilla quand le rideau tombe, juste une femme, une maman, forte et fragile à la fois qui partage ses maux avec amour.

« Je ne suis pas ce qui m'est arrivé, je suis ce que je choisis de devenir. »

Carl Jung

Mon évidence, être mère

D'aussi loin que je me souvienne, et ce même encore plus fort lors des moments dévastateurs de mon enfance, j'ai toujours su que je voudrais être mère quand je serai une femme adulte.

J'observais ces grandes personnes censées m'aimer me détruire, se détruire, puis je me disais :

« Moi, plus tard, je ne serai pas comme eux, je ne serai pas alcoolique, je ne lèverai jamais la main sur mes enfants, je leur parlerai, je les aimerai plus fort que ma propre vie et JAMAIS je ne les abandonnerai ».

Ma vie a suivi son cours près de ces adultes toujours plus nocifs qui laissaient en moi un goût de mort psychique à l'âge de 12 ans.
Á partir de là, le mal était devenu incurable.

Plus tard, à 21 ans, je suis devenue maman pour la première fois et à compter de ce jour, j'ai su ce qu'aimer à l'inconditionnel voulait dire. Le mot amour prenait tout son sens.

La vie prenait de la valeur à travers leurs yeux.

J'ai honoré tout ce que je m'étais promis de faire avec mes enfants, mais les failles et les marques indélébiles du passé n'avaient pas dévoilé leur impact sur ma façon d'être et je me demande parfois si j'ai fait mieux que mes bourreaux finalement.

Oh oui, plus que tout je les ai aimés et je les aime plus que ma vie, je pourrais mourir pour eux.

J'ai toujours été là pour mes enfants y compris quand un de mes enfants n'était pas près de moi, même à terre psychologiquement et physiquement, j'ai été et je reste là, mais les séquelles de mon enfance ont eu un écho sur eux malgré moi.

Les enfants sont de véritables éponges émotionnelles.

J'ai transmis certaines de mes angoisses malgré moi.

Par le passé, ils ont souvent vu une maman triste et épuisée sans comprendre pourquoi, car je devais les protéger de mes vieux démons. J'ai dû encaisser des mots plus violents les uns que les autres tels que : mauvaise mère, cassos, pauvre femme, tant de mots qui venaient valider des peurs profondes liées à mes traumatismes quant à ma capacité de pouvoir être une « bonne maman », mais malgré ça, j'étais là.

Alors, oui, j'étais et je suis une maman anxieuse, phobique, hypocondriaque avec des troubles de stress post-traumatique complexes sévères, mais je me bats et mon espoir réside dans le fait de réussir petit à petit à les préserver de mes blessures en évoluant et trouvant chaque jour la force de cacher ma souffrance intérieure.

Oui, j'ai commis des erreurs, j'ai fait avec ce que j'avais à ce moment-là, mais surtout, je suis humaine et personne n'est parfait.

Le jour où nous mettons au monde notre bébé, aucun manuel ne nous est fourni pour nous dire comment faire ou comment être. J'apprendrai à être mère toute ma vie comme tout parent, mais une chose est sûre ; je suis et resterai toujours là pour mes enfants.

Mon message est celui-ci :

Personne n'a subi ce que tu as vécu et par conséquent n'a le droit de te juger ou de critiquer ta façon d'être et de faire.

Personne n'a le droit de vouloir te faire taire quand tu souffres prétextant que ce n'est pas grave et qu'il y a pire.

Tu es une merveilleuse maman et tu as fait comme tu as pu avec ce que tu avais à ce moment-là.

Ta plus belle fierté est de n'avoir jamais failli quand le monde s'acharnait à vouloir te faire tomber.

Nous ne sommes que des êtres humains, des femmes qui endossent de multiples casquettes et surtout nous ne partons pas toutes sur le même pied d'égalité dans la vie alors porte fièrement ton rôle de maman car tu es unique.

Oui, je suis moi, avec mes erreurs et mes défauts, parfaitement imparfaite, mais je me bats pour évoluer, apprendre et demander pardon et cela fait de moi une maman, car je n'ai jamais abandonné et n'abandonnerai jamais. Pardon mes loulous, j'aurais aimé faire mieux.

« Ta plus grande fierté doit être d'avoir jamais failli quand le monde s'acharnait à vouloir te faire tomber. »

Le pardon

Le pardon, vaste sujet.
Un mot simple, mais tellement plus dur à appliquer.

Vous le savez tous maintenant, pour ceux qui m'ont lu ou me connaissent intimement (amis ou famille), j'ai eu ce qu'on appelle une enfance très traumatique avec ce qu'on nomme des bourreaux, mais pas n'importe lesquels.

Je parlerai de mon père, ma mère et mes belles-mères et c'est là le plus douloureux, c'était ma famille.

Je porte encore à ce jour les affres de mon enfance et j'en reste une handicapée invisible.

Parler du pardon quand il s'agit de personnes censées nous aimer et nous protéger, mais qui nous ont détruites est très difficile, car il y a des actes qu'on ne peut pas pardonner.

Tout n'est pas acceptable ni pardonnable.

Jusqu'à ce jour et encore maintenant dire que je pardonne est un grand mot parce qu'avant de pardonner, il faut accepter.

Comment admettre avoir été battue ?
Comment accepter avoir été abandonnée ?
Comment pardonner ne pas avoir été aimée et protégée comme un enfant a le droit de l'être ?

Je n'ai toujours pas accepté, d'où la publication de mon livre Souffre en silence, mais en vieillissant, je réalise que ne pas pardonner me détruit de l'intérieur et me tue à petit feu.

Me « tue » de manière physique par des maux psychosomatiques, mais surtout psychologiquement.

Toujours à me demander pourquoi ?
Pourquoi moi ?
Qu'ai-je fait de mal ?
N'étais-je pas suffisamment aimable ?

Pendant de longues années, j'ai été confrontée à de nombreuses questions qui m'ont empêchée de m'aimer telle que je suis, continuant ainsi à reproduire et à maintenir ce schéma abject de mon enfance.

Alors, oui, je le dis, je n'accepterai jamais ce que l'on m'a fait vivre et encore plus depuis que je suis mère sachant que moi, je sacrifierai ma vie pour celle de mes 3 enfants, en revanche, je suis arrivée à un tel stade de fatigue morale et physique que je dois aller vers le pardon pour pouvoir ne serait-ce qu'être en paix.

Attention, je n'oublie pas pour autant, il y aura toujours au fond de moi cette colère et cette souffrance, mais si je veux vivre, je dois le faire.

J'ai 42 ans et il y a encore 8 mois j'envisageais avoir recours à une méthode assistée pour que ma vie prenne fin tant je souffre de ces vieux démons et du rejet de la société, de l'impuissance des gens qui m'aiment à me comprendre et que je fais souffrir malgré moi, de ce corps qui me lâche par manque de sommeil alors aujourd'hui j'ai envie de croire et aussi grâce à tout votre soutien et vos retours sur mon premier ouvrage, que je peux y arriver, qu'on va y arriver tous ensemble.

Le fait que vous me lisiez m'aide énormément, car vos retours sont pleins d'amour et de soutien.

Le chemin sera encore long, mais je souhaite aller dans cette direction.

Je ne veux plus me réveiller continuellement endolorie, je ne veux plus de ces angoisses nocturnes et de ces phobies alors si je peux me permettre, je vais me faire la petite messagère pour toutes ces personnes qui comme moi ont souffert et souffrent encore d'un passé préjudiciable.

Nos bourreaux nous ont déjà tellement fait de mal, qu'il est temps de nous accorder ce qu'ils n'ont pas su nous donner : **le pardon**.

Vous n'oublierez jamais, mais vous apprendrez à vivre avec un cœur plus léger et seulement de cette façon, les marques indélébiles laissées par vos bourreaux ne pourront plus continuer à vivre en vous et à impacter votre quotidien.

Croyez bien que je sais combien cela peut être dur à lire, mais par expérience, je vous assure que c'est la seule clé à notre guérison même partielle.

« Je leur pardonne ne veut pas dire que j'oublie. Je pardonne pour tourner la page et essayer de vivre ma vie. »

Interview Priscilla Magal

- *Pourquoi avoir écrit ton livre, ton histoire ?*

D´abord comme une thérapie, un exutoire, j´ai souhaité consigner les maux à l'encre indélébile, mais également pour délivrer un message, un cri du coeur, une bouteille à la mer et obtenir une forme de reconnaissance, de justice pour mon statut de victime.

- *Cela t'a-t-il permis de « guérir ?*

D'une certaine manière, mais le chemin sera encore long avant d'accepter et accorder pleinement mon pardon, mais surtout réussir à m´aimer.

- *As-tu pardonné à tes bourreaux ?*

Oui et non, on va dire que je les aime autant que je les haïs (je parle de ma famille biologique), mais des événements de ma vie actuelle me font voir les choses différemment. C´est douloureux et tardif, mais j´accorde en partie mon pardon à mon père et ma mère même si je garde encore de nombreuses séquelles.

- *As-tu d'autres livres en cours ?*

Oui, plusieurs, dont un sur la plus grosse séquelle liée à mes traumatismes : mon émétophobie (phobie du vomi).

- *Un message à délivrer ?*

Oui, bien sur.
Ne laisse jamais personne te convaincre que tu n´es rien.
Ne te résume jamais à tes blessures ou tes traumatismes, ils ne te définissent pas.
Souvent, nous sommes jugés de faibles, mais en réalité c´est la société actuelle bien trop pourvue de préjugés qui n´est pas enclin à accueillir des hypersensibles comme nous et je crois pouvoir dire que c´est une force d'être comme cela aujourd'hui.

Pour conclure, merci à tous ceux qui me lisent et me suivent au quotidien.

« L'écriture est une porte ouverte pour l'âme »

Priscilla Magal

Une maman, le cadeau le plus précieux

Une maman est bien trop souvent jugée.

Trop souvent tenue pour responsable dès qu'un enfant rencontre des difficultés et pourtant …

Une maman, c'est d'abord la femme qui vous a mis au monde, sans elle, vous ne seriez pas là.

Une maman est capable d'endurer n'importe quelle douleur puisqu'elle a supporté avec courage la douleur de l'accouchement pour le simple bonheur de donner la vie.

Elle a vu son corps changer et garder les traces de la vie en portant fièrement son ventre arrondi durant 9 mois.

Elle encaisse les remarques et les critiques désobligeantes sur son physique parfois un peu trop marqué de vergetures et lesté de quelques kilos « jugés de trop » alors qu'elle l'a fait par amour afin de concrétiser un projet de vie à deux et par désir de devenir mère vous offrant le plus beau rôle d'une vie, celui d'être père.

Quand son enfant vient au monde, elle va malgré la fatigue, continuer de montrer sa force nuit et jour en étant médecin, femme de ménage, copine de jeu, cuisinière, maîtresse d'école, confidente et tout ça en souriant pour que vous n'ayez à vous plaindre de rien, mais surtout pour le bonheur de ses enfants.

Elle doit aussi continuer de travailler, car être femme au foyer, c'est mal vu à notre époque.

Elle doit être une épouse et amante dévouée pour ne pas passer pour une mauvaise femme.

Lors de ses propres moments de fatigue et de doute, elle attendra que vous dormiez pour pleurer afin de ne surtout pas passer pour une femme fragile à vos yeux et ceux de la société.

Cette femme que vous pointez souvent du doigt, que vous accablez et jugez au moindre souci a donné sa vie pour que vous ne manquiez de rien.

Elle a pleuré pour vous
Elle vous a veillé
Elle vous a soigné

Elle vous a nourri
Elle vous a fait rire et vous a consolé
Elle s'est pliée en deux pour vous offrir ce dont vous aviez besoin
Elle vous a aidé à accomplir vos rêves

Quand certains vous tournez le dos, elle vous a soutenus.

Elle s'est battue à votre place quand vous baissiez les bras et tout ça en se battant elle-même contre ses propres soucis et le quotidien parfois difficile.

Elle a caché ses propres souffrances juste pour ne pas vous inquiéter.

La prochaine fois que vous êtes face à une maman épuisée et qui a pu commettre des erreurs, car, oui, l'erreur est humaine, repensez à tout ça avant de la juger.

« Une mère, c'est l'assurance d'avoir toujours un endroit où se réfugier durant les obstacles que l'on aura à affronter. »

Priscilla Magal

Somatisation et douleurs psychiques

Pour ceux qui ont lu mon livre Souffre en silence, ce n'est plus un secret, vous me savez anxieuse, phobique, hypocondriaque et déprimée par période.

Aujourd'hui encore, même après 30 ans, je souffre toujours et quand ce n'est pas ma tête qui cogite, c'est mon corps qui somatise les maux.

Je souffre physiquement, et ce, régulièrement.
Cela peut me prendre en journée jusqu'à rendre mes tâches du quotidien, même les plus simples, difficiles à accomplir ou à la tombée de la nuit sous forme d'angoisse nocturne.

Nausées, maux de dos, douleurs dans les tendons et dans la cage thoracique.
Ma nausée enclenche ma phobie du vomi (émétophobie).
Fatigue, intestin irritable, maux de ventre, tachycardie et j'en passe tant la liste serait longue.

Médicalement parlant je n'ai rien, c'est « simplement » mon corps qui dit stop et somatise sous forme de « maladie » car, le mal a dit.

Il faut savoir que le corps et l'esprit sont liés, ainsi le corps transforme les problèmes psychiques en problèmes organiques de manière involontaire.

Dans ces moments-là, à savoir souvent, je m'en veux, car je suis moins efficace dans mon rôle de femme et de maman.

J'en arrive à me détester, car je me reproche d'avoir toujours mal quelque part, mais surtout, je souffre et je suis épuisée.

Je continue de porter le masque du sourire pour ne rien montrer à mes enfants, je prends sur moi, mais à la nuit tombée, lorsque la maison est silencieuse, je m'effondre de douleur et d'angoisse.

Vous allez peut-être ou peut-être pas me prendre pour une insensée, mais non, soyez sans crainte, c'est juste mon corps qui essaie de me parler et de me faire comprendre que mes pensées, mes souvenirs et les chemins que je prends ne me correspondent pas.

Je suis souvent submergée par des peurs que je n'arrive pas à identifier, mais depuis le décès de mon père, je suis beaucoup plus à mon écoute.

Vous saviez que notre corps et notre esprit portent les séquelles et les traumatismes de plusieurs générations ?

Ce que je voudrais surtout véhiculer, et je pense à toutes ces personnes qui me sollicitent par message privé via ma page Facebook et qui souffrent de ces maux : « Vous n'êtes pas responsables ni coupables » vous êtes victimes d'un vécu traumatique.

Votre corps manifeste des émotions que vous n'avez pas encore pleinement digérées.

Il est très dur de le faire comprendre à notre entourage, mais personne ne sera jamais autant en capacité de vous aider et de vous comprendre que vous-même, alors croyez en vous et n'oubliez pas qu'il existe un après, il vous suffit « juste » de le créer et d'y croire.

Ne vous accablez pas plus que les séquelles ne le font déjà, essayez juste de les accepter autant que possible et de ne pas vous résumer à ces maux.

« Votre passé, vos maux, vos blessures ne vous définissent pas. »

Priscilla Magal

Suis-je une « bonne » mère ?

Qui ne s'est jamais posé cette question ?

Voilà à peu près tous les maux qui résument mon combat et ma vie de femme mais également par répercussion sur mon rôle de maman.

Il y a toujours du positif avec mes enfants, et je suis reconnaissante que la vie m'ait permis de pouvoir être mère même si parfois, je ne me sens pas légitime d'avoir eu cette chance parce qu'une maman comme moi n'est pas facile tous les jours.

Tandis que la société et les médias enjolivent ce rôle, s'appliquant à nous montrer la « bonne » parentalité, je vais vous parler honnêtement, car la réalité est tout autre, mais personne n'ose en parler de peur d'être de « mauvais » parents à tort.

Comme tous les parents, il y a des jours où nous sommes fatigués. Des jours où malgré tout l'amour inconditionnel qu'on leur porte, nos enfants nous épuisent et cela ne change rien à l'amour que l'on peut éprouver pour eux, nous sommes simplement humains.

Des erreurs, on en fait tous :

- la voix un peu trop élevée au mauvais moment
- un peu trop d'écran
- des repas parfois moins équilibrés pour aller à la facilité
- des jours avec moins de temps de jeux partagés
- le ménage moins bien fait, car épuisés ou par manque d'envie

ET ALORS ?

Je crois qu'un parent qui remplit bien son rôle est avant tout un parent présent, aimant, à l'écoute, capable d'admettre ses erreurs, qui saura les réparer, demander pardon à son enfant lui expliquant avec des mots adaptés à son âge que le métier de parents s'apprend sur toute une vie, mais surtout qu'on évoluera pour ne pas les reproduire.

Eh oui, même les adultes commettent des erreurs et font des « bêtises ».

Je suis cette maman, une femme en souffrance psychique, qui se bat au quotidien contre de vieux démons, mais pour autant, je suis là, je les accompagne chaque jour de leurs vies.

Je les aime à l'inconditionnel et je les valorise.
Je leur apprends les valeurs, la générosité et le partage.
Mes mots d'ordre sont : le respect, l'écoute, le dialogue et l'amour.
Je partage chaque moment important de leurs vies.
Je dialogue avec eux, leur dis bonne nuit chaque soir en ayant des petits rituels et je prends du temps privilégié pour chacun d'eux.

Mon amour est incommensurable, est-ce que je les aime de la bonne manière ?

Je n'en sais rien, mais eux sont heureux et malgré les : « Maman, arrête, tu me l'as déjà dit 1000 fois ou maman, je te voyais beaucoup pleurer avant. »

J'ai aussi le droit à : « Tu es forte, car malgré tout ce qu'on traverse, tu as toujours été là, tu es la meilleure, merci maman d'avoir toujours été là, même quand je ne suis pas cool avec toi, je t'aime et je suis fière de toi » et ces mots valent tout l'or du monde.
Aucune richesse ne pourra jamais rivaliser avec ces mots d'enfants.

Suis-je une « bonne maman » ? Je ne sais pas et certaines personnes n'hésitent pas à me faire douter perpétuellement sur la réponse à apporter à cette question.

Ai-je commis des erreurs ? Oh oui, mais je les connais, j'ai demandé pardon, et j'évolue pour les réparer, mais surtout pour ne pas les reproduire, je me remets souvent en question.

Vous avez, nous avons le droit d'être une femme ou un homme en souffrance et que cela impacte notre rôle de parents malgré nous (à un degré « acceptable » évidemment) mais ne laissez jamais personne vous dire que vous êtes un « mauvais » parent.

Il y a tellement de personnes avec un état psychique et un mode de vie dit « normal » n'ayant pas notre vécu et nos blessures, et qui pourtant ne donnent pas un quart de ce que l'on donne à nos enfants.

Voilà mes maux et mes mots posés un peu en vrac, mais c'est ma vie et pour rien au monde mes enfants voudraient d'une autre maman.

Je suis celle que je suis, et à la réflexion, je ne changerai rien de ma vie, car je ne sais pas si je serais cette femme aux multiples valeurs et cette maman dévouée si je n'avais pas vécu ce que j'ai eu à endurer.

« Il n'existe pas de parents modèles, à chacun de construire son histoire du mieux qu'il peut. »

Priscilla Magal

L'anorexie mentale

Troubles de l'alimentation faisant suite à une dysmorphophobie (pensée obsédante sur un défaut imaginaire ou une légère imperfection de l'apparence physique).

Durant de nombreuses années, j'ai souffert d'anorexie mentale à la suite de phrases traumatisantes que j'ai souvent entendues durant mon enfance, et j'en souffre encore par phase à ce jour.

Des phrases que j'ai consignées dans mon livre autobiographique.

J'ai longtemps pesé moins de 50 kg pour 1,64 m.
Je me complaisais à rester en dessous de ce chiffre pensant être l'idéal féminin d'un point de vue morphologique, les magazines de mode n'aidant pas les jeunes adolescentes en quête d'un modèle.

La vérité, c'est que j'avais très peur de devenir ce que mon père me disait : « Tu es une grosse vache comme ta mère ».

CE chiffre, un simple chiffre qui pourtant, devient une angoisse pour les personnes souffrant d'anorexie.

J'ai longtemps alterné les prises de repas « normaux » et les privations. Consommer des repas plus légers que ceux d'un enfant de 1 an et des aliments dits brûleurs de calories dans la tête d'une personne souffrant de troubles du comportement alimentaire était mon rituel.

Du haut de mes 42 ans, mon corps a changé en peu de temps et j'ai beaucoup de mal à accepter ce corps de femme qui pourtant a donné la vie.

De mes 50 kilos, il ne reste qu'un souvenir et quelques vêtements trop petits, laissant place à un 56 kilos.

Je n'ai jamais aimé mon corps beaucoup trop meurtri et sali par des personnes destructrices.

Si je vous partage ceci aujourd'hui, c'est d'une part pour m'aider moi, mais aussi pour montrer à ceux qui comme moi connaissent l'anorexie mentale que vous n'êtes pas seuls malheureusement dans ce combat, mais qu'on s'en sort avec de l'aide et de l'amour de soi.

Á ce jour, même si je reste très fragile, ce qui me « sauve », c'est ma volonté de m'en sortir et de montrer à mes enfants que peu importe les difficultés dans la vie, il y a toujours des issues moins pénibles.

Je me bats pour accepter ce nouveau corps et me l'approprier.
Je sais que ce combat parmi les autres sera encore long et peut-être toujours latent au fond de moi, néanmoins je reste consciente que peu importe à quoi je ressemble, je peux être fière d'avoir porté trois merveilleux enfants.

Il est important de protéger nos jeunes filles des réseaux sociaux, de ces filtres qui nous rendent soi-disant belles, de ces influenceuses dites « parfaites » auxquelles on a tant envie de ressembler quand on se cherche. C'est aussi valable pour nos jeunes garçons.

La beauté réside dans l'âme et non sur le corps, d'autant que la majorité de ces personnes que l'on pense parfaites, font retoucher leurs photos, et même leur corps. Les artifices ne sont en rien une beauté, mais un masque pour, bien souvent, cacher un profond mal être.

Mon corps n'est pas parfait, mais il a donné la vie et rien que pour ça, je peux le remercier en essayant de l'aimer et d'accepter mon image.

« L'anorexie ou l'histoire d'un combat sans faim. »

Priscilla Magal

Mes maux mêlés

Je me pose souvent un tas de questions.

Pourquoi n'ai-je pas eu une enfance normale ?

Pourquoi ai-je dû subir toutes ces souffrances ?

Était-ce pour m'apprendre les valeurs que j'ai acquises ?

Pourquoi l'être humain est-il si méchant, égoïste et apeuré face à la différence et le malheur des autres ?

Rares sont les personnes encore animées par un peu d'humanité.

Récemment, j'ai pu en croiser quelques-unes qui m'ont prêté une oreille attentive et sincère sans rien attendre de moi.
Cela ne me paraît tellement pas « normal », j'ai tellement peur de ne pas le mériter que même cette attention m'effraie.

C'est vrai, pourquoi moi ?

Mon schéma de construction a toujours été l'abandon, le rejet, l'humiliation, la violence et l'abus alors pourquoi en serait-il autrement ?

C'est terrible de se rendre compte qu'ayant toujours été habituée à ça, l'inverse m'angoisse et m'effraie.

Comment est-il possible d'être autant effrayée par le bonheur et la vie ?

Est-ce que les maux couchés sur le papier auront un jour raison de ces séquelles ?

Aurais-je la chance de croire que la vie a choisi de m'aimer et de m'accorder de vrais moments de bonheur ?

J'ai conscience qu'il y a dans la vie des malheurs bien plus grands que les miens, je ne prétends pas avoir le monopole de la souffrance, loin de là, ce qui génère en moi de la honte quand j'ose m'exprimer.

Mon rêve serait d'être entendu, car mon souhait le plus cher demeure le même :

J'aimerais que plus jamais aucun enfant n'ait à se sentir coupable alors qu'il est victime, que plus jamais aucun enfant n'ait à se sentir sale, plus jamais de mains trop lestes posées sur un corps bien trop fragile et jeune pour se défendre et plus jamais de maltraitance psychologique.

J'aimerais que chaque enfant à naître soit certain d'avoir des bases saines pour se construire.

Nous n'avons pas demandé à venir au monde, alors tâchez d'être les meilleurs parents possibles ou à défaut passez votre tour afin d'éviter de construire de futurs adultes bancals psychologiquement et émotionnellement, qui passeront toute leur vie à croire qu'ils n'ont pas le droit au bonheur et à l'amour parce que vous aurez été défaillants.

> *« Un enfant ne cessera jamais de vous aimer à cause des mots blessants que vous aurez à son encontre, c'est lui qu'il cessera d'aimer. »*

Priscilla Magal

Quand aimer fait peur

Comment est-il possible de souffrir de l'aimer et d'être aimée ?

Jamais aucun homme ne m'avait touché des yeux et des mains avec cette délicatesse, cette douceur et autant d'amour.

Des yeux qui disent, je t'aime du soir au matin.
Des mains qui disent : « Tu es merveilleuse et magnifique ».

Tes mains sur mon visage me donnaient le sentiment d'être une rose fragile que tu voulais ardemment protéger, admirer et conserver avec passion.

Tu avais de l'amour et du respect au bout de tes doigts.
Chacune de tes caresses rimait avec tendresse.
Chacun de tes câlins rimait avec amour.

Tu as accepté chacune de mes crises d'angoisse jusque très tard dans la nuit sans jugement.

Tu m'as vu en crise phobique dans mon plus simple appareil et pourtant, tu es resté près de moi dans ces moments de souffrance psychique et physique.

Tu as accepté mes refus d'intimité sans aucune pression ni culpabilité me faisant intérieurement plus mal d'être ce monstre de femme qui se refusait à toi par peur de l'acte et de l'homme.

Ça aurait été plus facile que tu m'en veuilles et me culpabilises de ne pas être une femme comme les « normes » l'exigent.

Chacun de tes mots était une promesse d'un avenir certain, mais nos blessures mutuelles nous ont fait du mal et tiré vers le bas, laissant plus de place au doute qu'aux projets.

Tes maladresses verbales créaient en moi davantage de blessures, ton impulsivité m'effrayait, tes mots plus piquants qu'une claque laissaient chaque fois plus de cicatrices.

Ton amour passionnel et ta dépendance affective me perturbait douloureusement, remettant en question toutes mes croyances.

Suis-je anormale ?

T'aimer avec cette force et être aimée de cette façon me détruisait, amplifiant mes psychoses, mes angoisses, mes blessures et mes doutes sur ma capacité à être respectée et aimée par un homme.

L'homme, peut-il aimer et respecter ?
Comment peut-il aimer et blesser en même temps malgré lui ?

Je n'ai pas connu ce schéma, mon enfance ne m'a pas proposé cette possibilité.

Je ne me doutais pas que l'amour puisse me paralyser et raviver chacune des douleurs de mon passé.

Dès que je m'autorise à être près de lui, à baisser ma garde, ma peur est si grande et si violente qu'elle se matérialise la nuit sous forme de cauchemars douloureux et intenses me réveillant en larmes avec ce corps qui n'est plus que douleur.
Comme une lame qui aurait transpercé mon âme, je vis la journée suivante avec cette peur de le perdre et de ne pas être assez bien pour mériter cet amour qu'il m'offre.

Malheureusement, cet amour aussi fort soit-il, est parfois trop souvent toxique et destructeur.

J'ai également la crainte de me perdre et de ne pas savoir si je me respecte assez en tolérant certains mots.

Comment pourrais-je le laisser passer à côté de cet amour fusionnel et passionnel dont il a tant besoin quand je suis incapable d'être cette femme ?

Le désir, l'amour m'effraient…

Dans quel domaine puis-je être heureuse sans peur ni douleur ?

N'ai-je pas été assez punie petite, il faut aussi que ma vie de femme soit compliquée ?

Pourrais-je seulement oser croire un jour que je mérite juste un peu d'amour et de bonheur ?

S'il te plaît, la vie, accorde-moi juste un peu de répit
Un monde meilleur avec douceur, bonheur et sans cri
Un monde où je serais en paix et apaisée
Juste une fois, pouvoir espérer

Ou bien, devrais-je dire, s'il te plaît Priscilla, accorde-toi l'amour et le bonheur, car peu importe tes blessures, tu le mérites.

« S'aimer soi-même est le début d'une histoire d'amour qui durera toute une vie. »

Oscar Wilde

Très chère émétophobie

Je t'écris ce soir
Car tu as le droit de savoir

Savoir que depuis 10 ans maintenant, tu as pris le contrôle de ma vie.

Tu me dis :

Quand je vis
Quand je pleure
Quand je mange
Quand je sors
Quand je ris
Quand je dors

Tu as pris possession de mon corps et m'as rendu esclave de tes désirs, de tes pulsions.

Tu as mis le chaos dans ma vie professionnelle, sociale et sentimentale allant jusqu'à m'isoler totalement afin de mieux me garder pour toi.

Tu arrives même à travers moi à impacter les gens que j'aime en t'imposant à eux grâce à mes tocs phobiques.

Tu m'as dépourvu du moindre petit soupçon d'espoir.
Tu m'as ôté la moindre lueur de vie sans toi.

Tu as gagné.

De nous deux, il ne reste que TOI.

Tu as pris ce qui restait de fort en moi.
Me poussant à vouloir baisser les bras.

Je suis fatiguée que tu me dises quand je peux vivre,
Quand je peux être mère et femme.
Je suis lasse de voir ma vie défiler devant moi sans pouvoir la vivre.

Mais si c'était tout…

Non, cela ne te suffit pas, car pour être sûre que je ne t'oublie pas, tu marques aussi mon corps.
Tu me mutiles de l'intérieur ne laissant que douleur et épuisement.

Certains jours, tu me fais croire que tu dors, mais tu reviens encore plus fort.

Tu te réveilles la nuit pour me rappeler que même ce moment de repos, je n'y ai pas le droit.

À toi, émétophobie, je te déteste, mais te détester revient à me détester, car tu es moi, tu fais partie de moi.

Comment t'aimer alors que tu m'as réduite à ça ?!

Alors à toi, ma meilleure ennemie
Je t'en prie
Laisse-moi juste un peu de répit
Pour qu'enfin, je puisse vouloir rester en vie
Car à ce jour et tant que tu auras mon destin entre tes mains
Je ne veux plus d'aucun lendemain

« Ce sont de mes peurs dont j'ai le plus peur. »

Priscilla Magal

La Dépression

Assise dans le noir
Avec pour seule compagnie le désespoir
Rattrapée par ma solitude
Disparaît toute notion d'un futur moins rude

Les larmes, sans jamais s'arrêter
Ne cessent de couler
Cri de douleur étouffé
Je cherche en vain à respirer

Vouloir voir la vie en couleur
Pendant que mon esprit me crie douleur
Même lorsque je suis entourée
Je ne songe qu'à pleurer

Personne ne me comprend
Je ne reçois que les jugements
Bouge-toi
Remue-toi

Tant de mots portés avec écho
Venant aggraver mes maux
Intolérance
Souffrance

Je hurle mes SOS
Je souris, mais pleure intérieurement
Ce sourire porté comme un mensonge à moi-même évident
J'espère qu'une personne verra enfin ma détresse

Perte d'intérêt
La vie perd à mes yeux tous ses attraits
Perte de sommeil
Je garde l'espoir d'une vie en éveil

Qualifiée de personne faible
Avoir le sentiment qu'on a coupé mes ailes
Je souhaite juste réussir à vivre
Pour enfin ne plus survivre

Avoir essayé d'être forte trop longtemps
En payer le prix au présent
Devant sans cesse faire valoir ma légitimité
Dans ce combat non mérité

Perte d'appétit
Je perds goût en la vie
Malgré tout, je continue de rester droite
Pour enfin, un jour, arrêter de devoir me battre

Quand l'heure sera venue
Je ne serai plus ta détenue
Je me dresserai fièrement face à toi
Pour te dire : « C'est moi et tu ne m'auras pas ! »

« *La dépression, c'est être prisonnière dans un corps qui se bat pour vivre avec un esprit qui cherche à mourir.* »

Anonyme

Hypersensibilité

Face à autrui empathique
Leur douleur comme une ronce nous pique
Toujours à l'écoute
S'ensuivent souvent les doutes

Défaut et qualité
Nécessitant le domptage de notre réceptivité
Véritable éponge émotionnelle
Devenant un combat personnel

Incontestable source d'angoisse
Cherchant seulement comment y faire face
Nous devons fréquemment
Ne pas remettre en cause notre propre jugement

Manque profond de confiance en soi
Toujours en émoi
Souvent vulnérable
Mais pas inébranlable

Un brin perfectionniste
Toujours à dresser des listes
Se rassurer d'être « normal »
Face à nos perceptions peu banales

Dotés d'une grande sensibilité
Besoins fréquents de répit
Les gens pensent avec alors mépris
Il/elle est trop casanier

Émotivité à fleur de peau
Il n'est pas toujours bon de ressentir vos maux
Sentiment d'être incompris
Qui nous pousse dans le repli

Forts de ce don
Apprenons à cesser nos remises en question
Faire de cette capacité
Une vie de qualité

« Je suis doué d'une sensibilité absurde, ce qui érafle les autres me déchirent. »

Gustave Flaubert

Je vous confie mon secret

J'ai toujours eu du mal à m'aimer
Pensant ne pas le mériter
Trop souvent dans l'autodestruction
Toujours à demander pardon

Des années durant
Craindre le jugement
Convaincu aux yeux des gens
N'être qu'un individu gênant

Me battre pour exister
Faire-valoir ma légitimité
Sortir des méandres de mon passé
Á jamais mon âme condamnée

Affronter un deuil
Pour enfin comprendre que je suis la seule
Á pouvoir m'aider
Me guérir de mon passé
Cela passera par apprendre à m'aimer

J'aimerais vous dire
Qu'il est possible de rire
On dit que le temps guérit les blessures
Croyez-y je vous l'assure

Vous avez le droit de souffrir
Le choix de ne pas accepter
Le droit de ne pas pardonner
Mais par-dessus tout vous devez vous soutenir

Je suis là, à vous écrire ces mots afin de décrire des maux, mais croyez-moi, je n'ai pas toujours pensé de cette façon et je dois encore me le rappeler régulièrement.

Nombre d'années passées à déprimer et souffrir de ne pas être aimée comme je le souhaitais, mais j'ai compris une chose à toutes mes années de souffrance.

La seule personne sur qui je peux compter
La seule personne que je dois aimer
La seule personne que je dois chérir, c'est moi et moi seule, car tant que je ne serais pas capable de m'aimer, j'aurais beau avoir la terre à mes côtés, je me sentirais toujours aussi seule et incomplète.

Je ne peux que comprendre la douleur que vous pouvez ressentir face à l'incompréhension, l'indifférence et le sentiment de rejet l'ayant moi-même vécu, mais nous valons plus que ça.

Je ne cesserai jamais de vous répéter que notre passé et nos blessures ne nous définissent pas, nous ne sommes pas que ça.

Tant d'adjectifs abjects me qualifiant j'ai pu entendre, me convainquant n'être que ça, mais par-delà les mots douloureux entendus, j'ai réalisé que je pouvais faire de tout ça une force incroyable.

Alors je me suis convaincue et je suis là aujourd'hui, pour vous dire que vous n'êtes pas seul (e), je ne suis pas grand-chose ni personne, mais je suis là et je vous comprends.

Après tous ces maux posés là, je vous laisse en joignant mon adresse électronique auteure afin de lire vos témoignages, échanger sur nos parcours, vous soutenir lorsque vous avez juste besoin de vous confier et je l'espère redonner espoir à des personnes n'osant pas prendre la parole.

Priscillamagalauteure@gmail.com

Remerciements

Je tiens à remercier en premier lieu mes enfants qui, malgré mes failles, n'ont eu de cesse de me répéter qu'ils étaient fiers de leur maman et combien ma présence leur était indispensable.
Merci à ces magnifiques personnes que j'ai eu la chance de « connaître » via mes réseaux ou dans mon quotidien.
Merci à toutes ces personnes qui ont cru en moi et continuent de le faire en partageant mes ouvrages et mes écrits sur ma page Facebook.
Merci à vous de m'honorer de votre confiance en partageant avec moi vos nombreux maux et combats.
Merci à ces rares personnes sans qui ce livre n'aurait pas pu voir le jour.
Merci à toi maman qui combat tous les jours à mes côtés lorsque les phobies m'assaillent. Sans relâche, tu me rassures au quotidien.
Pour finir, merci à la vie de m'avoir donné la capacité de porter la voix de toutes ces personnes qui souffrent dans l'ombre.

« Seul on va plus vite, mais ensemble on ira plus loin. »

Priscilla